# GENEVIEVE,

OU

## LA CONFIANCE TRAHIE,

PANTOMIME

EN TROIS ACTES, A GRAND SPECTACLE,

Ornée de Costumes et Décors nouveaux, dans laquelle paraissent deux Cerfs, dressés pour cet Ouvrage ;

### Par M. FRANCONI Jeune,

Musique arrangée et composée par MM. *** et LEBLANC, Divertissement par M. MORAND, Décors par M. ISIDORE ;

Mise en scène par M. FRANCONI jeune,

Représentée, pour la première fois, sur le théâtre du Cirque Olympique, le lundi premier Juin 1812.

---

## PARIS.

Chez BARBA, Libraire, Palais-Royal, derrière le Théâtre Français, N°. 51.

Imprimerie de DELAGUETTE, rue Saint-Merry, N°. 22.

1815.

## PERSONNAGES. ACTEURS.

SIFFROI, duc de Brabant . . . . . M. BASSIN.
GENEVIÈVE, son épouse . . . . . Mme. FRANCONI.
BENONI, son fils, âgé de trois ans . M. BLIN.
GOLO, intendant du duc . . . . . { M. FRANCONI, jeune.
DAMES D'HONNEUR de Geneviève. { Mmes. ARMAND, LETELLIER.
LANFROI, compagnon d'armes de Siffroi. M. BUNEL.
MARCO, VALERIO, } affidés de Golo . . . { MM. BAUDOT, LAGOUTTE.
UN CHEVALIER, dansant . . . . M. MORAND.
UNE DAME de la cour, dansant. . . Mlle. ALINE.
UNE CANTATRICE . . . . . . . Mlle. ROSINE.

Troupe de chevaliers, d'hommes d'armes, dames de la cour, peuple, enfants, chasseurs, piqueurs, gardes de Siffroi.

La scène se passe dans une principauté du Brabant, sous le règne de Charles Martel, au septième siècle.

*Vu au ministère de la Police générale de l'Empire, conformément aux dispositions du Décret impérial du 3 Juin 1806, et à la décision de S. Exc., en date de ce jour. Paris, ce* 1812.

*Le Secrétaire-Général, Signé* SAULNIER.

Vu l'approbation, permis d'afficher et représenter, ce 1812.
Le Conseiller d'État, Préfet de Police, Baron de l'Empire,
*Signé* PASQUIER.

# GENEVIÈVE,

OU

# LA CONFIANCE TRAHIE,

PANTOMIME.

## ACTE PREMIER.

*Le Théâtre représente l'appartement de Geneviève. A droite, un chevalet sur lequel est monté le portrait d'un guerrier.*

### SCENE PREMIERE.

Geneviève entre, accompagnée de ses femmes. Sa démarche lente annonce la douleur qui l'accable. Elle gémit de l'absence de Siffroi, son époux, qu'une guerre opiniâtre, contre les Sarrasins, retient depuis long-temps éloigné de ses états.

Elle s'approche du portrait: ce sont les traits de cet époux adoré, qu'elle a pris plaisir à peindre elle-même; après les avoir considérés un moment, elle dit:

Oui, cette toile respire!... O Siffroi! cher époux, j'ai dû rendre ton image telle qu'elle est gravée dans mon cœur! et c'est en la contemplant tous les jours que je trouve du soulagement aux maux cruels de ta longue absence!..........
Dieu tout puissant, veille sur les jours et la gloire de mon héros; fais qu'il reparaisse bientôt à mes yeux, orné des lauriers de la ivctoire!

## SCÈNE II.

Cependant, Benoni, son fils, accourt auprès d'elle. Cet aimable enfant lui prodigue ses innocentes caresses : il aperçoit le portrait, auquel il envoie des baisers ; il a su de sa tendre mère qu'il représente l'image de l'auteur de ses jours.

Geneviève le serrant avec émotion sur son cœur, lui adresse ces mots:

Fruit précieux du plus heureux hymen, toi qui fais l'espoir de la race illustre des Siffroi, apprends de ta mère à chérir celui dont tu es la parfaite image!

## SCÈNE III.

Une marche guerrière se fait entendre ; une troupe de chevaliers s'avance : on distingue à leur tête le brave Lanfroi, l'un des plus illustres compagnons d'armes de Siffroi.

Après avoir salué respectueusement la duchesse :

Madame, nos ennemis sont vaincus; votre époux triomphant m'a chargé de venir déposer à vos pieds leurs dépouilles et les trophées de sa gloire : vous le verrez bientôt vous apporter lui-même le pacte sacré d'une paix glorieuse et durable.

Geneviève laisse éclater des signes de joie, mais cette joie n'est point parfaite ; elle semble desirer quelque chose. Lanfroi qui lit dans ses yeux, continue avec empressement :

Je vous devine, Madame...... le seigneur Golo, que je précède, s'est réservé l'honneur de vous remettre une lettre de votre auguste époux..... Le voici.

## SCÈNE IV.

Golo entre. En voyant Geneviève, il éprouve un embarras qu'il peut à peine surmonter, et lui présente en tremblant la lettre de Siffroi. La duchesse s'empresse de l'ouvrir, et sa vivacité l'empêche d'apercevoir un billet que Golo vient de glisser dans

( 5 )

le paquet. Le billet tombe à ses pieds. Lanfroi le voit, le ramasse et le remet à la duchesse, qui toute occupée de la lettre de Siffroi, le reçoit, sans trop examiner ce qu'on lui donne. Golo est dans la plus grande agitation. Il suit, d'un œil sombre, tous les mouvemens de Geneviève, qui dans le transport de sa joie, s'écrie :

Je vais donc bientôt revoir mon époux!

Puis s'adressant à Lanfroi, elle ajoute :

Brave Lanfroi, votre empressement et votre fidélité vous assurent à jamais mon estime et ma juste considération.

LANFROI.

Mon courage et ma vie sont entièrement à vous ; trop heureux de pouvoir verser tout mon sang au service de la plus vertueuse et la meilleure des souveraines.

Golo peut à peine contenir sa rage ; ce n'est pas à lui que Geneviève vient d'adresser des remercimens.

Cependant Lanfroi continue :

Madame, permettez que les compagnons d'armes de Siffroi vous présentent, dans une fête qu'ils vont préparer, les marques glorieuses du triomphe de votre auguste époux.

Tout le monde se retire, excepté Golo et la duchesse.

## SCENE V.

Geneviève, sans le regarder, relit la lettre de son époux, dont elle prononce la dernière phrase.

Encore un jour et je suis aux pieds de ma Geneviève.

Elle ajoute :

Dis plutôt sur mon cœur.

Ces derniers mots font une impression terrible sur Golo, qui ne garde plus de mesures : il arrête la duchesse qui allait sortir, et la prie de prendre lecture du billet qu'il avait mis dans la lettre de Siffroi.

Geneviève, qui l'avait oublié, le parcourt rapidement. Quelle est sa surprise ! Le perfide ose lui déclarer un coupable amour ! Elle jette sur lui un regard d'indignation. Celui-ci se précipite à ses pieds ; la duchesse le repousse avec mépris ; il veut insister ; mais elle se retire, après lui avoir montré le portrait de son époux.

## SCENE VI.

Golo, resté seul, s'abandonne à toute la rage d'un amour méprisé.

Beauté cruelle ! ne crois pas m'échapper ; je saurai tout braver pour te soumettre.....Oui, te posséder ou te perdre !

Cependant il ne sait quels moyens employer. Tout à coup son génie infernal lui inspire une idée atroce, qu'il saisit avidement.

Heureuse inspiration ! Ecrivons à Siffroi que sa femme est infidèle. Sa crédulité naturelle et l'empire que j'ai su prendre sur lui, assurent la réussite de mon projet. Annonçons-lui même que déjà mon épée l'a vengé de l'infâme suborneur.

Après avoir écrit, il appelle un de ses affidés.

Porte cette lettre à Siffroi : qu'avant la fin du jour j'aie sa réponse. Songe qu'il y va de la vie.

L'affidé part. Golo s'applaudit de son infâme projet, et sort triomphant.

*Le Théâtre change, et représente un jardin magnifique, Un trône brillant est préparé pour Geneviève. Il est orné de médaillons portant son chiffre et celui de Siffroi.*

## SCENE VII.

Les chevaliers lui présentent les trophées de la gloire de son époux. Cette vue remplit son âme sensible d'émotions délicieuses.

La fête commence. Au milieu des jeux, l'affidé de Golo lui apporte la réponse de Siffroi. Golo ne peut cacher les transports de sa joie. La duchesse, qui ne le perd pas de vue, paraît surprise, et cherche à deviner quels peuvent en être les motifs. L'inquiétude s'empare d'elle. Cependant la fête continue. Mais Lanfroi s'étant aperçu du trouble toujours croissant de la duchesse, fait cesser les jeux, et ordonne qu'on se retire.

## SCÈNE VIII.

Golo est sur le point de s'en aller ; mais la duchesse l'arrête, et lui demande si la lettre qu'il vient de recevoir est de son époux. Le traître, dissimulant, lui répond que non, et ne craint pas de renouveler ses instances. La duchesse le menace de tout révéler à Siffroi. Alors Golo, outré de rage :

Puisque vous dédaignez mon amour, voyez si je sais me venger.

Il lui remet en même temps la lettre de Siffroi.

Qu'a-t-elle lu ?... Sa condamnation écrite de la propre main de son époux !

Immobile de surprise et d'effroi, elle laisse échapper le fatal écrit. Bientôt ses larmes coulent en abondance. Golo se fait un plaisir féroce de son désespoir. En vain elle se précipite à ses pieds, et s'abaisse même jusqu'à la prière. Rien ne l'émeut : il veut qu'elle cède à ses desirs criminels, ou qu'elle périsse. La duchesse reprenant toute sa dignité, rougit d'avoir imploré un pareil monstre, et préfère la mort au déshonneur.

Golo la quitte brusquement, en lui faisant des gestes menaçans.

## SCÈNE IX.

L'infortunée réfléchit à toute l'horreur de sa situation. Comment parer le coup fatal ! Quels amis pourront la défendre ! Golo commande en maître, Siffroi lui a confié tous les pouvoirs.

( 8 )
## SCÈNE X.

Lanfroi paraît. Il examine la duchesse, et s'apercevant de l'altération de ses traits, il se hasarde à lui demander la cause de son trouble.

Pardonnez ma témérité, madame; mais j'ai cru m'apercevoir que pendant la fête, vous étiez agitée par un sentiment pénible. Quelque chevalier aurait-il pu vous déplaire?

GENEVIEVE.

Brave Lanfroi, j'étais loin de croire qu'aujourd'hui même l'occasion se présenterait de donner une nouvelle preuve de votre attachement à vos souverains. Vous seul méritez mon entière confiance.

Lanfroi met un genou en terre, et la main sur son cœur, il proteste à la face du ciel, qu'il est prêt à tout entreprendre pour servir la duchesse. Geneviève le remercie affectueusement.

## SCÈNE XI.

Cependant Golo a paru dans le fond avec quelques chevaliers et affidés. Il a vu Lanfroi aux pieds de la duchesse. Sa fertile scélératesse tourne contre Geneviève l'action généreuse de Lanfroi. Il fait prendre le change aux chevaliers qui l'accompagnent. Lanfroi est aux pieds de Geneviève. Elle l'écoute sans colère, c'est son amant favorisé. Tous sont persuadés, et observent de loin avec Golo tout ce qui se passe.

Lanfroi se relève et continue:

Expliquez-vous, madame.

Geneviève lui remet le billet de Golo.

Lanfroi, après l'avoir lu, ne peut contenir sa juste indignation, et portant la main sur son épée, il veut de suite aller punir l'audacieux Golo: Geneviève l'arrête.

Chevalier, calmez cet emportement. Un éclat serait peut-être dangereux. J'ai besoin de votre sagesse et de votre prudence pour me soustraire aux persécutions du perfide Golo.

J'espérais ramener ce monstre à son devoir; mais il s'irrite, et je vois que j'ai tout à redouter de sa coupable audace.

LANFROI.

Rassurez-vous, madame, je saurai mériter cette confiance qui m'honore. Le lâche ne réussira pas dans ses desseins criminels. Je vais tout disposer en secret, pour m'assurer du traître jusqu'au retour de votre époux.

Après avoir réfléchi un moment :

Oui, ce moyen est infaillible : Golo ne peut m'échapper, et bientôt il recevra le juste châtiment de son crime.

A peine Golo a-t-il entendu ces derniers mots, qu'il s'élance sur Lanfroi, le poignard à la main, et lui perçant le cœur, ajoute :

Et toi, ta récompense.

## SCÈNE XII.

Geneviève jette un cri douloureux, et tombe évanouie. On emporte le corps du malheureux Lanfroi. Golo, poursuivant le cours de ses atrocités, ordonne que la duchesse soit enchaînée.

## SCÈNE XIII.

En ce moment le peuple et les chevaliers accourent de toutes parts. Quel spectacle !... leur souveraine adorée, la vertueuse Geneviève chargée d'indignes fers !... Dans leur indignation, ils vont fondre sur Golo, et délivrer la duchesse. Celui-ci, que rien n'émeut, les arrête avec hardiesse, et aidé de ses affidés, cherche à leur persuader que Geneviève est infidèle à son époux. Eux-mêmes ont été les témoins de sa liaison criminelle avec Lanfroi. Tout le monde doute encore... Non, Geneviève ne peut être capable d'une pareille horreur !... On veut des preuves. Alors Golo leur présente la lettre de Siffroi, et fait dérouler une légende sur laquelle on lit : *Que Geneviève soit chassée du palais : Golo seul est chargé de ma vengeance.* SIFFROI.

La consternation devient générale. En vain Geneviève proteste de son innocence : tous les chevaliers sont immobiles devant l'ordre de Siffroi, et sourds à ses supplications. L'impitoyable Golo triomphe. Il ordonne que Geneviève et son fils soient chassés à l'instant même. La malheureuse mère, dans le délire du désespoir, cherche partout son enfant. Elle le voit entre les mains des gardes, s'élance, et s'attachant à son corps, elle se laisse entraîner à la vue du peuple ému de pitié, mais que les satellites de Golo ont enveloppé et contiennent.

*TABLEAU GÉNÉRAL.*

FIN DU PREMIER ACTE.

## ACTE II.

*Le théâtre représente un lieu desert. La mer est dans le fond ; des rochers la bordent.*

### SCENE PREMIERE.

Marco, l'un des affidés de Golo, chargés d'immoler Geneviève et son fils, arrive. Il examine si les lieux ne sont pas habités. Il les trouve propres à l'horrible exécution. Marco n'est pas un scélérat consommé ; il sauverait les deux victimes, mais il craint son féroce camarade, qui paraît bientôt, traînant après lui Geneviève et son fils.

L'infortunée, qui a deviné leur affreux projet, les supplie de ne pas leur arracher la vie. L'arrêt est prononcé, il faut qu'elle le subisse.

Tout-à-coup un orage terrible se fait entendre. Le tonnerre, qui gronde avec fracas, effraye les deux assassins. Ils se consultent sur le parti qu'ils doivent prendre; mais se rappelant les promesses et les menaces de Golo, l'un d'eux se met en devoir de jeter l'enfant dans la mer. Geneviève le lui arrache des mains; furieux alors, il tire son poignard, il va frapper Geneviève, qui, les bras tendus, attend la mort, lorsque la foudre tombant, le frappe lui-même et l'écrase; Marco effrayé de cette espèce de vengeance du ciel, s'enfuit épouvanté.

## SCÈNE II.

Geneviève sauvée, comme par miracle, prend son fils dans ses bras, et remercie le ciel de cette faveur inespérée.

Cependant l'orage continue. Geneviève parcourt les lieux, et cherche un asyle pour se réfugier. Elle aperçoit une barque abandonnée qui flotte au gré des flots. Elle monte sur un rocher. La barque qui a disparu un moment, est poussée de nouveau sur le bord de la mer, Geneviève, voulant profiter de ce secours pour fuir ces lieux déserts, s'élance dans la barque avec son fils, et s'abandonne à la grâce de Dieu.

L'orage diminue peu à peu, et le ciel reprend sa sérénité.

*Le Théâtre change et représente l'intérieur du palais de Siffroi.*

## SCÈNE III.

Golo paraît, absorbé dans de sombres réflexions: l'inquiétude l'agite, le remords même se fait sentir dans le fond de son âme; il redoute l'arrivée prochaine de Siffroi.

## SCÈNE IV.

Un homme, enveloppé d'un large manteau, s'approche de lui; c'est Marco. Golo, qui le reconna lui demande brusquement compte de sa mission. Celui-ci répond en tremblant :

Seigneur, vos ordres sont exécutés ; Geneviève et son fils ne sont plus... Mais au même instant, Valério fut frappé par la foudre.

Golo satisfait, lui remet une bourse, et le renvoie, en lui recommandant le plus profond secret.

## SCENE V.

Golo, resté seul, frémit d'épouvante ; il croit voir errer autour de lui les ombres de ses victimes. Ses cheveux se hérissent ; il s'écrie sourdement :

Quel effroi s'empare de mes sens !

Enfin après une lutte pénible avec le remords qui le déchire,

Chassons cette terreur qui voudrait en vain m'effrayer.

Et le monstre devient insensiblement plus tranquille.

## SCENE VI.

Un bruit d'allégresse se fait entendre ; on vient lui annoncer l'arrivée de Siffroi. A cette nouvelle, il reste interdit malgré lui ; mais un moment de réflexion lui rendant sa cruelle assurance, il court au-devant de son maître.

## SCENE VII.

Le cortége entre, Siffroi paraît, Golo l'accompagne ; le duc est triste et abattu. Le souvenir de Geneviève qu'il adorait, le poursuit partout ; il ordonne qu'on le laisse seul. Golo reste.

## SCENE VIII.

Le situation de Siffroi le trouble malgré lui. Ce n'est pas la pitié qui émeut son âme atroce ; il tremble pour lui-même. Siffroi peut demander des éclaircissemens, des détails sur la funeste aventure. Le traître prévoit tout; et en cherchant à le consoler, il enfonce le poignard plus avant dans le cœur du malheureux duc.

Pourquoi, Seigneur, vous abandonner à la plus affreuse douleur pour une infidèle qui n'est plus, et dont la mort vous a si justement vengé ?

A ces mots, Siffroi sent renaître toute sa fureur contre son ingrate épouse ; mais bientôt l'amour vient plaider sa cause. Froissé par ces sentimens pénibles, il tombe, accablé, dans un fauteuil.

## SCÈNE IX.

Golo, fidèle à son plan, donne un signal. Des accords mélodieux se font entendre dans la pièce voisine. Le charme de l'harmonie rend un moment le duc attentif. Mais bientôt il retombe dans son affaissement mélancolique. Sur un second signal de Golo, des danseurs et musiciens paraissent. Un de ces derniers chante le morceau suivant, pendant que les autres exécutent des danses légères.

AIR (1).

Quand la trompette appelle aux armes,
Un chevalier part sans effroi :
Il vole et brave les alarmes
Pour l'honneur, sa dame et son roi.
Rien ne résiste à son courage ;
Et bientôt, s'il revient vainqueur,
De sa dame il reçoit le gage,
Et de son roi le prix d'honneur.

Sous l'étendard de la vaillance,
Qu'un jeune guerrier a d'attraits !
Du fer meurtrier de sa lance
L'amour compose un de ses traits.
Rien ne résiste, etc., etc.

(1) Paroles de M. *Cuvelier*, musique de M. *Alexandre*.

Les danses, le chant ne peuvent charmer la douleur de Siffroi. Golo tente un dernier moyen. Des sons de trompe et de cors se font entendre. Il propose une partie de chasse, que le duc accepte enfin, espérant par là se distraire un peu.

Aussitôt plusieurs chevaliers arrivent, accompagnés de piqueurs. Siffroi part pour la chasse.

*TABLEAU.*

FIN DU DEUXIÈME ACTE.

## ACTE III.

*Le Théâtre représente une forêt épaisse ; à droite, une grotte qui sert d'habitation à Geneviève et à son fils ; à gauche, un petit autel surmonté d'une croix grossière.*

### SCENE PREMIÈRE.

L'aurore fait briller ses premiers feux. Des cerfs parcourent les bois. Ces animaux, oubliant leur timidité naturelle, viennent chercher leur nourriture auprès de la grotte qui renferme la malheureuse Geneviève et son fils; ils semblent deviner qu'ils n'ont rien à craindre de ces deux infortunés, abandonnés de la nature entière, et jetés dans leur triste solitude.

### SCENE II.

Geneviève sort de la grotte, les caresse; les cerfs s'éloignent tranquillement. Après avoir cueilli des herbes et des fruits sauvages pour sa nourriture et celle de son enfant, elle jette un regard douloureux sur la forêt, et dit, en soupirant:

O généreux Siffroi!... est-il bien vrai que ta main ait signé l'arrêt de mort de celle qui te fut si chère et qui n'aima jamais que toi?... C'est donc ici, dans cette triste forêt, que ta femme et ton enfant doivent terminer leur pénible existence!... Mon Dieu! écoutez ma prière: Que jamais mon innocence ne parvienne jusqu'à mon époux! sa vie entière s'écoulerait dans les larmes... Ah! qu'elles soient toutes réservées pour la malheureuse Geneviève! Faites qu'il n'ait jamais à regretter ma mort ni celle de son fils.

Perfide Golo! c'est en abusant de ton pouvoir, que tu dévoues ton maître aux regrets les plus affreux!... Que t'ai-je fait, homme barbare, pour sacrifier à-la-fois trois victimes?... Mon Dieu! que ce misérable reçoive bientôt le juste châtiment de son crime!...

Elle tombe accablée sur un banc de pierre.

## SCÈNE III.

Une biche sort de la grotte; le petit Benoni la suit, l'appelle et gémit en la voyant s'éloigner. Mais bientôt apercevant sa mère, il s'en approche et l'embrasse, Geneviève surprise, mais charmée, lui rend ses caresses et le serre contre son cœur. L'enfant lui dit qu'il a faim. La mère sourit, en lui montrant les fruits qu'elle a préparés. Il veut y courir, mais Geneviève l'arrête, et lui montre le ciel, auquel il faut, avant tout adresser une prière, Geneviève et son fils se mettent à genoux.

( Quel tableau! La vertu et l'innocence persécutées, prosternées avec résignation devant l'Eternel!... Rassurez-vous, créatures intéressantes, vos prières, aussi pures que vos ames, sont entendues par un Dieu juste, et bientôt le terme de vos maux finira.

Après la prière, Benoni mange des fruits; il demande à boire, Geneviève va puiser de l'eau dans une source qui jaillit des rochers, et la lui apporte.

## SCÈNE VI.

Tout-à-coup un bruit de chasse se fait entendre; Geneviève étonnée, témoigne de la frayeur; elle prend son fils dans ses bras, et rentre dans sa grotte. Un cerf traverse la forêt. L'on aperçoit des piqueurs à pied et à cheval. Le bruit des cors diminue.

## SCÈNE V.

Geneviève se montre avec précaution, et cherche à s'assurer si les chasseurs sont éloignés. Elle aperçoit l'un d'eux qui paraît égaré, et s'approche de ces lieux. Elle rentre aussitôt.

## SCÈNE VI.

Ce chasseur est à pied : c'est Siffroi. Il tient son cheval en laisse. Le sentier qu'il a suivi le mène à l'entrée de la grotte. Il paraît épuisé de fatigue. L'ombre et un banc de gazon l'invitent au repos. Il s'assied, après avoir attaché son cheval à un arbre. Là il se livre à sa douleur. Il tire de son sein le portrait de Geneviève et le baise, en l'arrosant de ses larmes. Mais bientôt il semble se repentir de sa faiblesse pour cette femme infidèle. Au milieu de ces sentimens opposés, le sommeil le surprend. Il s'endort.

## SCÈNE VII.

Geneviève sort de son asyle. Quelle est sa surprise en voyant le chasseur endormi! Elle s'approche doucement, l'examine et reconnaît son époux. Un cri lui échappe. Elle tombe à genoux, et remercie le ciel de ce bonheur inattendu.

## SCÈNE VIII.

Au même instant l'enfant paraît. Il aperçoit le cheval, et un homme endormi. Il s'avance à petit pas, sans être vu de sa mère ; et reconnaissant les traits de Siffroi, il crie : *C'est papa ?*

Geneviève n'a que le temps de lui fermer la bouche pour qu'il ne dise plus rien. Benoni veut absolument embrasser son père. Geneviève a le même désir. Cependant elle se contient, ramasse un caillou, trace son nom sur un rocher, prend son fils dans ses bras, et tous deux vont embrasser le duc. Ce dernier fait un mouvement. Geneviève emmène son fils dans la grotte.

### SCENE IX.

Siffroi se réveille. Un songe heureux lui a fait connaître la vérité. Il parcourt le bois avec agitation. Il semble demander partout son épouse et son fils. Ses regards s'arrêtent sur le rocher : il y lit le nom de Geneviève. Il reste immobile de surprise : il ne peut en croire ses yeux. Il s'approche de nouveau. Ce nom réveille sa tendresse et ses regrets. Hélas ! c'est peut-être ici que ces deux infortunés sont morts !... Il succombe sous le poids de la douleur.

### SCENE X.

Cependant Golo, qui est à la recherche de Siffroi, à paru dans le fond. Il a lu le nom de Geneviève. Son étonnement est extrême. Par quel hasard inconcevable ce nom est-il gravé-là ? N'importe, il saura tirer encore adroitement parti de cet événement. Siffroi, qui l'aperçoit, se jette dans ses bras, et lui montre le fatal rocher. Golo, sans se déconcerter, lui dit avec une douceur hypocrite :

Seigneur, pardonnez à votre fidèle sujet s'il a voulu flatter un moment votre imagination, en retraçant sur ce rocher le nom de celle qui vous fut si chère, et qui vous a si indignement trahi.

Siffroi se laisse persuader par ce nouveau mensonge : il lui sait gré de son intention, mais il veut qu'il efface le nom. Golo obéit.

### SCENE XI.

Tous les chasseurs, inquiets de l'absence du duc, arrivent de tous côtés. Golo l'engage à remonter à cheval. La chasse s'enfonce de nouveau dans la forêt ; mais le nom de Geneviève a fait naître des soupçons dans l'esprit de Golo. Il se promet bien, en partant, de les éclaircir au plutôt.

### SCENE XII.

Geneviève reparaît. Elle est inconsolable en voyant son époux s'éloigner. Elle se croit abandonnée à jamais. Son nom, qu'elle aperçoit effacé, la confirme dans cette idée désespérante.

Un cerf lancé, traversant rapidement la forêt, attire son attention. La chasse s'approche à grand bruit. Geneviève rentre précipitamment. Un autre cerf blessé, et réduit aux abois, vient se réfugier dans la grotte. Siffroi, qui le poursuit avec une troupe de chevaliers et de piqueurs, veut y pénétrer. Geneviève, effrayée, en sort tenant son fils. Les chasseurs ont à peine le temps d'arrêter leurs chevaux pour ne pas les écraser. Siffroi, étonné, saute à bas de son cheval, examine cette créature extraordinaire, et reconnaît son épouse.

*SURPRISE GÉNÉRALE.*

### SCENE XIII.

Geneviève se regarde : ses vêtements sont délabrés et la couvrent à peine. Sa pudeur souffre d'être vue en cet état. Elle s'approche timidement de Siffroi, se jette à ses pieds et le supplie. Mais Siffroi la repousse avec colère : il lui montre la lettre dans laquelle Golo lui détaille son crime; et, sourd à la voix de l'amour qu'il ressent toujours pour elle, malgré les larmes de l'infortunée et les prières de son fils, il remonte à cheval et les abandonne.

### SCENE XIV.

Geneviève tombe évanouie. Son fils lui prodigue ses caresses et les plus tendres soins. Il court chercher, à la source voisine, de l'eau, qu'il lui apporte dans ses petites mains, et parvient à lui rendre l'usage de ses sens.

### SCENE XV.

Tout-à-coup Golo paraît. A la vue de Geneviève, il reste frappé d'étonnement. Plus de doute pour lui, il a été trahi. Il ne lui reste d'autre parti que d'enlever Geneviève. Celle-ci, en le voyant, recule épouvantée.

## SCENE XVI.

Pendant cette scène, Marco arrive dans le fond. Son âme est déchirée par le remords. Geneviève est au pouvoir de Golo : il ne doute plus de la perte de l'infortunée et même de la sienne. Que fera-t-il ?... O bonheur ! il reconnait Siffroi qui approche de ces lieux. Voulant sauver Geneviève aux dépens même de sa vie, il court au-devant de lui, et est assez heureux pour l'amener au moment où Golo va frapper ses deux victimes.

## SCENE XVII.

Siffroi arrête le bras de Golo, et jette loin de lui le poignard dont il était armé. Tous les chevaliers arrivent au même instant. Cette action horrible étonne Siffroi, il va interroger Golo ; mais Marco, sans lui en donner le temps, se jette à ses pieds et dit :

Seigneur, daignez m'entendre : ce n'est pas mon pardon que je demande : j'ai mérité la vengeance céleste et votre juste courroux. Mais mon cœur, peu habitué au crime, ne peut renfermer plus long-temps le secret atroce de votre infâme intendant... Apprenez, ô mon maître ! qu'il a osé concevoir la passion la plus vive pour la vertueuse Geneviève; que furieux de ses mépris, il avait juré sa perte, en vous écrivant le plus affreux mensonge... C'est moi qui fus chargé du fatal message... C'est aussi ce monstre qui a trompé tous vos chevaliers, en leur faisant accroire que le brave Lanfroi avait porté des vues criminelles sur votre auguste épouse ; que son amour était payé de retour; et c'est au moment où ce digne chevalier jurait de déjouer cet horrible complot, que Golo lui perça le cœur... Cette lettre que j'ai trouvée sur le corps expirant de l'infortuné Lanfroi, peut vous dévoiler toute cette trame criminelle, et attester l'innocence de la plus fidèle des épouses.

En même temps il remet au duc le billet que Golo avait osé écrire à la duchesse.

Que vient de lire ce malheureux époux ?... Comment il a pu croire un pareil scélérat ?... Il a pu croire Geneviève infidèle !.... Honteux de son coupable aveuglement, déchiré par le remords, il tombe aux pieds de son épouse et implore son pardon.

Geneviève le relève, le presse dans ses bras, et lui remet son fils.

Que l'on juge de la confusion, de la rage de Golo. Il est désarmé : sans cela, quelles atrocités nouvelles n'aurait-il pas pu commettre ?

Cependant tous les chevaliers instruits par Marco de tous les détails de cette horrible aventure, s'élancent spontanément pour percer le scélérat de mille coups ; mais Siffroi s'opposant à leur juste vengeance, dit :

Arrêtez, chevaliers, ne souillez pas vos épées dans le sang de ce misérable : c'est à des bêtes aussi féroces que lui à purger la terre d'un pareil monstre (1).

Il donne ordre qu'on entraîne l'infâme. Le lâche ose demander grace. Geneviève, la compâtissante Geneviève, satisfaite du bonheur d'être rendue à son époux, sollicite elle-même en faveur de l'auteur de tous ses maux. Siffroi, tout en l'admirant, la refuse avec peine. La punition doit être aussi authentique que le crime ; il veut être obéi. Les gardes entraînent Golo.

## SCÈNE XVIII ET DERNIÈRE.

Le bruit de l'innocence de Geneviève rendue à son époux, s'est promptement répandu : tout le monde accourt pour contempler cette auguste victime de la rage d'un scélérat. Siffroi qui lit dans tous les regards l'empressement que l'on témoigne de prouver à sa digne épouse, que jamais on ne l'avait cru coupable, donne l'exemple ; et tombe de nouveau aux pieds de Geneviève.

*TABLEAU.*

En même temps on élève le petit Benoni sur un pavois, aux acclamations unanimes des chevaliers, des soldats et du peuple, qui tous en même temps rendent hommage à la justice divine, qui tôt ou tard fait triompher l'innocence et la vertu.

*TABLEAU GÉNÉRAL.*

(1) Historique. Il fut écartelé par quatre bœufs sauvages.

# FIN.

Matilde et ses filles lisent avec effroi, et toutes trois refusent les propositions du tyran. Gontrand veut leur faire sentir le danger de cette détermination ; mais Aglaure dit qu'elle préfère la mort à s'unir à Rodolphe. Sa mère et sa sœur approuvent cette réponse, la confirment, et montrent toute l'horreur que Barbe-Bleue leur inspire. Landri qui les entend se livre à la joie la plus vive : Gontrand part en faisant les plus fortes menaces.

## SCENE XIII.

Landri encourage Aglaure, et dit qu'il va instruire son maître de tout ce qui se passe ; il s'éloigne rapidement entre les rochers.

La triste Aglaure se livre néanmoins à la plus vive inquiétude, et semble prévoir les malheurs qui vont l'accabler.

## SCENE XIV.

Le bruit des instrumens de guerre annonce l'approche de Barbe-Bleue.

Il paraît bientôt, accompagné de ses hommes d'armes et d'une suite nombreuse. Barbe-Bleue déclare à Aglaure ses dernières volontés.

Aglaure et Anne cherchent à émouvoir sa pitié ; le tyran reste sourd à la voix de l'humanité, et, conduisant Aglaure vers ses écuyers, il lui montre l'un d'eux portant les fers dont sa mère sera chargée, si elle refuse de s'unir à lui, et plusieurs autres portant des trésors qu'il s'apprête à prodiguer à Matilde, si Aglaure consent à le nommer son époux. Aglaure d'abord est effrayée pour sa mère ; mais ensuite ne sent que la haine que lui inspire Rodolphe, et le repousse avec horreur. Aussitôt les écuyers entourent Matilde qu'Anne défend en vain, et commencent à la charger de chaînes. Anne court à sa sœur et l'entraîne vers leur malheureuse mère. Aglaure se jette à ses pieds, soutient les chaînes qu'elle porte déjà, et demande que la colère de Rodolphe tombe sur elle seule ; mais les satellites du tyran la séparent de Matilde qui, entraînée par eux, élève encore ses faibles bras pour bénir ses enfans. Anne au désespoir, va, vient de sa mère à sa sœur. Celle-ci sort de la profonde stupeur où elle a été plongée quelques instans. Elle voit Matilde au milieu des soldats, et détachant tout-à-coup l'écharpe d'Arthur, elle la remet à Matilde, et dit à Rodolphe qu'elle se sacrifie pour sauver sa mère : aussitôt les fers de Matilde sont détachés. Anne est dans les bras de sa sœur, et Barbe-Bleue ordonne à ses écuyers d'offrir à Matilde les richesses qu'ils ont apportées. Elle les reçoit avec indifférence, et, toute entière à l'amour maternel, elle console la malheureuse Aglaure qui feint de sourire, tandis que tout son corps est agité d'un tremblement convulsif. Rodolphe présente la main à sa nouvelle épouse pour l'emmener : elle le regarde avec effroi et paraît prête à le repousser, lorsqu'un soldat voulant ramasser les fers dont Matilde a été chargée, les laisse retomber avec fracas. Ce bruit rappelle à Aglaure le danger de sa mère, et elle se résigne avec courage. Aglaure est placée presque mourante sur un palanquin.

*Marche. Tableau général.*

FIN DE LA PREMIÈRE ACTION.

www.ingramcontent.com/pod-product-compliance
Lightning Source LLC
Chambersburg PA
CBHW061524040426
42450CB00008B/1775